A Vivência da Espiritualidade

Uma proposta prática ao alcance de todos

Shirley Nicholson

A Vivência da Espiritualidade

Uma proposta prática ao alcance de todos

Tradução
Adolpho J. Silva

EDITORA TEOSÓFICA
Brasília-DF

Título do Original em Inglês
A Program For Living The Spiritual Life
1989, The Theosophical Society in America
Wheaton, Illinois, U.S.A.

EDITORA TEOSÓFICA, Sociedade Civil
SGAS — Quadra 603 — Módulo 20
70.200-630 — Brasília-DF — Brasil
Tel.: (061) 322-7843
Fax: (061) 226-3703

Shirley Nicholson

S 624 A Vivência da Espiritualidade
Uma proposta prática ao alcance de todos

Brasília, 1996

ISBN 85-85961-10-4

CDD 212

Capa
Marcelo Ramos
Composição/Diagramação
João Batista Martins da Silva e
Reginaldo Alves Araújo
Equipe de Revisão
Ângela Maria Hartmam
Carlos Cardoso Aveline e
Zeneida Cereja da Silva.

Sumário

Nota da Edição Brasileira

As sugestões de leitura feitas por Shirley Nicholson em cada capítulo deste livro foram adaptadas para o público brasileiro, conforme os títulos disponíveis em nosso país. Sempre que possível, foram mantidos os mesmos livros. Em todos os casos, as linhas gerais de orientação são as mesmas.

Os Editores

Brasília, 17 de julho de 1996.

Prefácio da Autora

O presente livro não deve ser lido de umà só vez e depois colocado na prateleira. Tampouco você poderá terminar de ler um capítulo, deixá-lo e seguir adiante até o próximo. Este é um guia para uma prática global, na qual o estudo, a meditação, o auto-aperfeiçoamento e o serviço são todos enfatizados a cada dia.

Você pode trabalhar nesta proposta prática sozinho, baseado em seus próprios esforços, como, afinal, todos teremos de fazer. Ou em grupos, com seus amigos trabalhando individualmente a cada dia e reunindo-se periodicamente para compartilhar problemas e estimular um ao outro. O grupo poderá enfocar algum aspecto e decidir sobre determinadas práticas que todos devem tentar aplicar na semana seguinte, para depois compartilhar as experiências na próxima reunião. Os membros poderão também trocar entre si os seus números de telefone e manterem contato para discutir obstáculos e sucessos. Poderá ser muito útil compartilhar o trabalho com outras pessoas que também estejam desenvolvendo um tipo de prática espiritual ou que já tiveram alguma experiência no passado.

Uma prática diária, bem planejada, ajudará você a se manter espiritualmente orientado nas suas atividades do dia-a-dia. Através da persistência nessa prática, você verificará que se tornou mais calmo, mais determinado, mais alegre e adquiriu maior contato com os aspectos espirituais dentro de você.

As citações no início de cada capítulo são comentários de buscadores, pessoas comuns como você. Eles apresentam aspectos diferentes da prática espiritual e que podem ser úteis.

Oxalá possam as instruções dadas neste livro inspirá-lo, apontando direções para que você possa dar início ao trabalho.

1

Introdução

À medida que as idéias esotéricas são difundidas pelo mundo, as pessoas estão passando a compreender que não é suficiente ler sobre estas idéias. Elas podem ter um efeito transformador, mas isto somente se forem vivenciadas e seguidas de uma prática que as alicerça na vida diária. Muitas pessoas necessitam de orientação e estímulo para encontrar uma nova maneira de realizar este intento.

Como você provavelmente sabia quando pegou este livro em suas mãos, há um caminho que pode conduzir a uma nova dimensão espiritual em sua vida. As profundezas internas que são descobertas ao longo deste caminho podem enriquecê-lo, dando-lhe novo alento e permitindo que você perceba todo o significado e o propósito de sua vida. Este não é um caminho fácil que prometa gratificação instantânea; requer alguma disciplina e persistência. As mudanças a que conduz podem surgir de forma rápida para alguns ou, para outros, apresentarem-se em pequenos segmentos ao correr dos anos. Seguindo o caminho espiritual, você desenvolverá, passo a passo, uma nova abordagem para a vida e será genuinamente transformado.

Todas as religiões delineiam um caminho que aponta para uma vida mais plena, mais espiritual. As suas diferentes versões têm muitos aspectos em comum, como oração e meditação, ajuda e compaixão em relação ao próximo, moralidade e ética. Através dos séculos, as escolas esotéricas têm indicado um caminho mais rigoroso para aqueles que desejam ir além dos caminhos tradicionais, percebendo camadas mais profundas de consciência em seu interior. As práticas exigidas por elas se baseiam na natureza do cosmo e na natureza interna dos seres humanos. As sugestões no presente livro constituem uma versão moderna de práticas antiguíssimas, adaptadas para a vida agitada do tempo atual.

De acordo com a filosofia esotérica e a Teosofia, a constituição humana é complexa e variada. Os inúmeros "princípios" e "corpos" ou "campos", descritos na literatura, enquadram-se em três divisões principais: a personalidade (o eu inferior), a alma (eu superior ou eu que reencarna) e o espírito (eu universal, *atma*, mônada). Geralmente nos identificamos com a personalidade. Esta abrange o corpo, as emoções e os aspectos do dia-a-dia da mente — aquela capacidade que nos habilita para elaborar listas de compras, programar o nosso tempo, tomar decisões práticas e compreender coisas concretas. A alma não é algo vago e flutuante, mas abrange também três faculdades definidas: a parte mais abstrata ou filosófica da mente, a intuição ou faculdade unitiva que vislumbra as coisas como se fossem do interior, e a vontade espiritual que nos direciona para propósitos de longo prazo que são harmoniosos com o todo. A sua vontade espiritual pode ser o impulso subjacente ao seu desejo de realizar uma proposta prática como esta. O espírito ou *atma* é o centro do nosso ser que é uno com a Vida Divina, a essência que está oculta nas profundezas de nossa consciência.

Uma proposta prática de crescimento espiritual deverá levar em consideração todos os três níveis. Necessitamos enfatizar os pontos fortes na personalidade tanto quanto remover lentamente obstáculos e bloqueios. Ao mesmo tempo, precisamos elevar a nossa consciência de maneira que, de forma progressivamente acentuada, possamos enriquecer-nos com a perspectiva e as faculdades da alma e que, certamente, darão ainda mais vida à personalidade. O conhecimento de nossa natureza essencial como espírito e a compreensão da nossa unidade com toda a vida e com o Divino também começarão a despontar à medida que nos aproximarmos do nosso ser interno.

Geralmente produzimos a maior parte de nossas energias no nível da personalidade. Para viver uma vida espiritual é necessário romper esta autoclausura e projetar-se até uma esfera mais ampla, tanto do ponto de vista espiritual como psicológico. Com esta ação, abriremos caminhos para a alma que não está tão absorvida em preocupações egoísticas, mas se interessa pela vida do indivíduo e da humanidade de forma mais ampla. É possível cultivar esta visão mais ampla e este caminho de vida de forma deliberada, de maneira que a personalidade possa desabrochar e se aprofundar. A proposta aqui sugerida pode ajudar-nos a concretizar este objetivo, tanto por penetrar mais profundamente na dimensão espiritual de nosso ser, como também por projetar-se na direção do próximo e das preocupações de natureza universal.

Este trabalho tem quatro aspectos: estudo, meditação, auto-aperfeiçoamento e serviço altruísta. Todos são necessários para um sistema bem equilibrado e que desenvolverá diferentes níveis do ser. O estudo desenvolve a mente, de maneira que a nossa compreensão cresce. Igualmente, através do estudo dos princípios da filosofia esotérica, poderemos começar a perceber o verdadeiro propósito subjacente à nossa vida e o nosso lugar no esquema geral das coisas. Através da meditação, aprendemos a controlar e aquietar a mente e a personalidade, entrando em contato com profundezas espirituais interiores e com nossa unidade com a Vida Divina, que flui através de tudo. Trabalhando para aperfeiçoarmo-nos, modelamos a personalidade para que seja um veículo mais adequado da alma. Através do serviço, projetamo-nos até outras pessoas e para causas que ultrapassam os nossos meros interesses pessoais e alicerçamos nossos impulsos espirituais na ação prática. Construímos canais, na personalidade, através dos quais a alma pode fluir.

Será necessário que você adapte as práticas aqui sugeridas para que se ajustem ao seu estilo de vida e às suas preferências. Deverá, por exemplo, descobrir se pode meditar melhor pela manhã ou em alguma outra hora do dia. Com relação ao auto-aperfeiçoamento, deverá descobrir se fazer certas afirmações é útil para você ou se a auto-observação e a intenção de vencer um determinado padrão são mais eficazes. A partir dos livros sugeridos na relação para estudo e com base nos que você conhece de outras fontes, você terá de modelar o seu próprio programa de estudo. Poderá demorar um pouco até descobrir o melhor caminho, mas as sugestões que se seguem o ajudarão a iniciar este esforço de uma vida inteira.

Fazendo um Inventário

Fazer um inventário de sua vida é um bom ponto de partida. Se você é como a maioria das pessoas, verificará que já está fazendo uma série de coisas que o ajudarão a trilhar a senda, como meditação, leitura de livros inspiradores, e trabalhando para aperfeiçoar-se de várias formas. Você provavelmente também encontrará algumas coisas que deseja eliminar, como o costume de ver televisão em excesso ou dedicar-se demasiadamente a outras coisas, ou a falta de disciplina em geral. Para avaliar o seu estado atual, use a ficha de trabalho nas páginas 19 e 20 para realizar o seguinte exercício:

1. Faça uma lista dos aspectos de sua vida que você considera coerentes com um caminho espiritual.
2. Relacione coisas sobre você mesmo ou sua vida que gostaria de mudar, à medida que avança no programa.
3. Pense sobre estas listas.
4. Na lista das coisas úteis que você já está fazendo, observe maneiras segundo as quais você poderia melhorar ou aperfeiçoar qualquer um dos pontos.
5. Relacione novas práticas ou atitudes que você gostaria de desenvolver.
6. Escolha dois ou três itens dos pontos 4 e 5 em que você pode começar a trabalhar agora mesmo. Decida como você pode integrar estes pontos na sua rotina diária.

Você desejará voltar a este inventário nas semanas e meses seguintes. Isso o lembrará de seus objetivos e do progresso que você já fez. Indubitavelmente você mudará suas prioridades e perspectivas na lista à medida que avança no programa.

Além de preencher as fichas de trabalho, você verificará que é muito útil manter um diário sobre sua vida espiritual, anotando os aperfeiçoamentos, problemas e novas direções em seu estudo, meditação, processo de autodesenvolvimento e projetos de serviço. Contudo, a prática dos exercícios e a manutenção do diário, que aqui sugerimos, pretendem ser um auxílio para ajudá-lo a conscientizar-se e concentrar-se mais na vida espiritual. Nunca devem ser utilizadas como instrumentos que o tornam demasiadamente preocupado com você mesmo. A autopercepção objetiva, desapaixonada, não é o mesmo que preocupação com a própria pessoa, o que constitui um grave obstáculo para a vivência espiritual.

Fazendo o Inventário

Dedique um momento a considerar todos os aspectos de sua vida. Depois preencha os números das páginas seguintes:

1. Coisas na minha vida que são coerentes com o caminho	2. Coisas na minha vida que preciso mudar

3. Reflita novamente sobre o que você escreveu acima. Ao responder os números 4 e 5, tente pensar em termos específicos. Pense em passos pequenos e fáceis de serem tomados

4. Formas específicas para melhorar o que já estou fazendo	5. Novas práticas e atitudes que desejo desenvolver e formas específicas segundo as quais poderia fazê-lo

6. Escolha duas ou três coisas dos itens 4 e 5 acima para integrar na sua vida agora

2

Estudo

O primeiro livro que li no campo da metafísica foi uma das coisas mais excitantes na minha vida. Eu havia tido algumas experiências que não compreendia e que não conseguia classificar. A leitura daquele livro como que abriu um horizonte de compreensão totalmente novo que eu não imaginava que pudesse existir. E comecei a definir claramente coisas que eu já conhecia.

Através da leitura posso comunicar-me com outra mente, diferente da minha. Embora jamais tenha conhecido a pessoa, posso sintonizar-me com a sua mente, sua intuição e com seu próprio ser. Isso acelera a minha própria intuição e compreensão.

Estudar significa para mim extrair idéias de livros e outras fontes, examinando-as mentalmente, e com profundidade, e especialmente em função da compreensão dos problemas inerentes à vida e ao processo de vivência espiritual.

Quando li uma biografia de Annie Besant, admirei suas motivações e coragem, por ela poder mudar a sua mente trocando as opiniões do Cristianismo Vitoriano ortodoxo pelo materialismo secular, chegando à Teosofia e até a Krishnamurti. Na evolução de sua forma de pensar, ela era capaz de libertar-se daquilo que defendia tão acentuadamente, admitindo, ao mesmo tempo, que não estivera completamente certa. Eu também segui esta mesma dinâmica, à medida que atravessei diferentes etapas. Nada antes conseguira prender tanto a minha atenção quanto aquele livro. Foi o elemento que me pôs em contato com as idéias teosóficas e com Annie Besant, como uma mãe espiritual.

O estudo sempre foi necessário para todos aqueles que desejam trilhar a senda da espiritualidade. Faz parte do processo de compreensão de nós mesmos, e do mundo a partir de um ponto de vista espiritual. O estudo persistente e regular serve a vários propósitos.

Inicialmente, através do estudo de filosofia esotérica e teosófica, podemos aprender sobre os princípios da natureza que governam tanto a nós como ao cosmo. A nossa visão do mundo expande-se quando vemos toda a vida como fazendo parte de uma realidade subjacente, na qual tudo está relacionado. Passamos a compreender as leis que se encontram em um nível mais profundo, subjacente ao mundo visível dos fenômenos, como a Lei da Periodicidade, o Princípio da Evolução da Consciência, bem como da forma, a polaridade encontrada em toda parte na natureza e em nós mesmos. Passamos a perceber o papel da vida humana (e de nossas próprias vidas) no grande esquema do desenvolvimento progressivo no qual participamos. Gradualmente, esta perspectiva mais ampla dá-nos uma nova visão de nós mesmos e dos propósitos de nossas vidas, oferecendo um contexto para desenvolvermos valores e objetivos. Através desta visão podemos alcançar uma perspectiva expandida da natureza e de nós mesmos.

Contemplando os princípios abstratos e filosóficos que estudamos, podemos reforçar o aspecto abstrato da mente que é parte da alma ou do eu superior e que serve de ponte entre a personalidade e os níveis mais profundos da consciência. O ato de refletir sobre aquilo que ainda não compreendemos pode estimular a intuição, aquela faculdade de compreensão repentina que estabelece um contraste com o aprendizado gradual. Através do estudo de princípios universais, ampliamos também a nossa visão e começamos a pensar sobre aquilo que se aplica a tudo, de maneira que crescemos além de nossos preconceitos pessoais, preferências e idiossincrasias. A leitura de obras de cunho espiritual também nos inspira e nos motiva a alcançar níveis mais elevados e a persistir em nossos esforços através das dificuldades. Por meio da leitura podemos aprender técnicas para a vida espiritual.

Para obter estes benefícios, precisamos estudar vários tipos de livros. Primeiro, para ampliar e aprofundar a nossa compreensão filosófica, precisamos ter uma visão geral da Sabedoria Antiga, bem como de seus aspectos particulares. As obras *A Filosofia Perene*, de Aldous Huxley e *Fundamentos da Filosofia Esotérica*, de H.P. Blavatsky, apresentam uma visão clássica dos princípios fundamentais. O livro *Sabedoria Antiga e Visão Moderna*, de Shirley Nicholson, constitui uma visão de nível intermediário.

Um outro tipo de livro que é muito útil para o estudo diz respeito à vida espiritual e oferece sugestões para práticas espirituais. Ficamos familiarizados com métodos antiqüíssimos e igualmente com variações contemporâneas desses princípios comprovados à medida que lemos aquilo que outros mais adiantados na senda ofereceram como diretrizes para aqueles que buscam. Entre os tratados místicos que inspiram e evocam a intuição temos *A Voz do Silêncio*, de H. P. Blavatsky, e *Luz no Caminho*, de Mabel Collins.

Poesias inspiradoras, biografias de pessoas extraordinárias e textos de místicos e sábios de vários períodos da história também podem ser instrutivos e enaltecedores.

Atualmente há uma grande quantidade de livros à venda. Não é muito fácil selecionar o tipo de leitura que nos é mais útil e proveitoso. Tente avaliar em cada livro como ele poderá fomentar o seu crescimento e pergunte-se por que você deveria lê-lo. Será melhor que você planeje seu programa de estudos examinando o que está disponível, ao invés de adquirir o primeiro livro que desperta seu interesse. A intuição poderá ajudar a decidir sobre o tipo de leitura, porém o julgamento e a análise são igualmente necessários. A sua lista deveria incluir duas ou três escolhas de cada uma das categorias acima mencionadas.

Iniciando um Programa de Estudo

Comece a preparar o seu programa agora, fazendo uma relação de livros que você gostaria de ler, usando a ficha de trabalho na página 32. Você pode trabalhar com lápis, de modo que possa fazer alterações facilmente e rever prioridades à medida que você for prosseguindo.

Pense sobre os livros que já desejou ler, mas que ainda não teve a oportunidade de fazê-lo. Olhe na sua estante para descobrir os livros que você já tem, mas que ainda não leu, e procure os livros favoritos e antigos que gostaria de ler de novo. Verifique a relação de livros sugeridos no final deste capítulo e identifique os que lhe agradam. Você poderá também relacionar tópicos que gostaria de explorar, como mitologia, astrologia, cura, os efeitos espirituais da música, meditação, etc., e encontrar posteriormente livros apropriados sobre tais assuntos. Examinando uma biblioteca teosófica ou alguma livraria de livros esotéricos, certamente você encontrará indicações. Veja o que o atrai enquanto está examinando a relação de livros.

Tendo feito a sua lista de livros, decida o que ler primeiro. Talvez você queira ler mais de um livro durante o mesmo período, por exemplo, um a respeito dos fundamentos de Teosofia e um outro que seja poético e inspirador. Você poderá alternar as leituras ou os dias de acordo com o seu estado de espírito.

É importante estabelecer o hábito de ler regularmente. Trinta minutos de estudo cada dia é muito mais eficaz para desenvolver a sua mente, do que períodos mais longos uma ou duas vezes por semana, embora períodos ocasionalmente mais longos sejam também úteis e agradáveis. Se você fizer da leitura regular um hábito, lendo sempre na mesma hora cada dia, isso irá ajudá-lo a vencer qualquer resistência ao estudo. Veja o tempo que você reservou como um instrumento para a sua alimentação interior, porém não fique frustrado se não puder ler um dia. Mas você possivelmente terá de usar a sua força de vontade para estabelecer um período diário para sua leitura.

Diferentes livros, ou até mesmo diferentes partes do mesmo livro, requerem diferentes métodos de leitura. Há três maneiras de ler.

Primeiro, se o seu propósito for adquirir informação sem demasiada profundidade, será adequada a leitura rápida e até mesmo superficial. Nos livros que abordam idéias familiares ou temas leves, você será capaz de acompanhar a idéia geral lendo rapidamente.

Em segundo lugar, o estudo dos princípios ocultos e da filosofia esotérica requer uma leitura mais lenta, com a marcação de trechos e a leitura renovada de certas passagens, e pausas para pensar. Para que você possa realmente assimilar este material, precisa revolvê-lo em sua mente, contemplá-lo, pensar sobre suas implicações, questionar como ele operaria em situações da vida, qual a sua influência sobre a sua vida e sobre o mundo. Este tipo de material poderá ter um efeito profundo sobre você e sobre a sua visão da vida, se você reservar tempo para interiorização do tema, de maneira que passe a integrar a sua visão de mundo.

Leia a seguinte passagem com bastante atenção:

> *O universo e tudo que nele existe são um todo inter-relacionado e interdependente... Todos os seres existentes — desde o átomo até a galáxia — estão enraizados na mesma Realidade Universal, criadora da vida. Esta Realidade é oniabarcante, mas ela jamais poderá ser abrangida em todas as suas partes, porque transcende todas as suas expressões. Revela-se nos processos intencionais, ordenados e significativos da natureza, bem como nos recessos mais profundos da mente e do espírito.*

Extraído de *A Visão Teosófica do Mundo.*

Ao concentrar-se nessa passagem, lendo-a lenta e pausadamente, poderá compreender seu sentido verdadeiro e com ele estabelecer uma conexão que reverbera em sua mente e coração, tornando-se parte de você. Após a leitura, provavelmente você achará útil pensar sobre exemplos de ordem e inter-relações na natureza e na sua própria vida, comparando esta passagem com outras expressões da mesma idéia de unidade, como as que são encontradas nos ensaios de Emerson sobre o *Tao Te Ching* ou o modelo do universo holográfico, de David Bohm.

A terceira maneira de ler — a mais profunda — pode conduzir a ampliações de percepção e *insights* espirituais que se sobrepõem a experiências de meditação. Quando você for além das palavras nos tratados místicos, sintonizará com o estado interior do autor. Passagens de natureza enaltecedora ou enigmática poderão ser usadas como *koans* do Zen para focalizar a mente sem explicações superficiais que nos afastam da intuição mais elevada.

Leia lentamente a passagem a seguir, e após alguns minutos, releia novamente.

> *Enquanto não fores mais do que homem, apenas fragmentos do grande canto chegarão aos teus ouvidos. Mas, se os ouvires, imprime-os fielmente em tua memória, de modo que nada se perca do que tenha chegado a ti, e deles procura aprender o signi-*

ficado do mistério que te rodeia. Com o tempo não terás necessidade de instrutor algum. Porque assim como o indivíduo possui uma voz, aquilo em que o indivíduo existe a possui também. A própria vida tem a sua linguagem e nunca permanece silenciosa. E esta linguagem não é um grito — como poderias supor tu que és surdo — mas um canto. Aprende que tu és uma parte da harmonia; aprende a obedecer as leis da harmonia.

Mabel Collins, *Luz no Caminho*

Seria interessante analisar o que significa a palavra "canto" e relacionar a idéia a algo familiar. Porém, uma experiência profunda surge apenas ao sintonizarmos com a beleza da passagem e ao permanecermos com o pensamento silencioso em nossa mente, sentindo a alegria e a paz que inspiraram as palavras e que estão subjacentes a elas.

Esses três modos de estudar têm o seu lugar em uma proposta de prática espiritual. O material que você está lendo irá indicar qual dos níveis é apropriado para você.

Organizando um Programa de Estudos

Livros que desejo ler no futuro:

Livros que preciso ler agora:

Mantendo um Diário

Manter um diário pode ser um aspecto importante do seu estudo, pois sedimenta seus pensamentos e perguntas na expressão concreta e os registra para referência posterior. Você poderá dedicar uma parte do seu diário apenas ao estudo, ou manter um diário separado para cada assunto: meditação, auto-aperfeiçoamento e serviço. Você poderá anotar novos *insights* e percepções que ocorrerem enquanto estiver lendo, bem como perguntas não respondidas. Também poderá relacionar temas adicionais para estudo, à medida que forem sendo sugeridos a partir do que você está lendo atualmente. O diário o guiará para delinear o seu programa de estudo para o futuro. Seu plano de estudo deve ser flexível, de maneira que você possa incluir à vontade novos livros e mudar a ordem em que você os lê. Relendo o seu diário, você observará o seu progresso. Um diário poderá ser de valor inestimável se você participar de estudos em grupo, porque poderá manter um registro de idéias e perguntas para serem apresentadas nas reuniões do grupo.

O estudo deverá ser gratificante e agradável. É decididamente importante ler alguns livros que você ache difíceis, de modo que você faça um esforço com sua mente e intuição. Mas se um livro for demasiado difícil e tornar-se desconfortável na leitura, ponha-o de lado, retornando posteriormente, quando você estiver mais bem preparado. Para livros como *A Doutrina Secreta* e o *Bhagavad Gita* é melhor começar pelos comentários e não pelo texto principal. Se não lhe agradar um livro já incluído em sua lista, se ele não criar uma motivação interior em você, então não haverá necessidade de fazer um esforço para terminá-lo. Mas se você alternar uma leitura mais pesada com outros livros mais leves e inspiradores, possivelmente ficará surpreso com a sua crescente compreensão dos temas mais difíceis.

Livros para Estudo

Lao-Tsé, *O Livro do Caminho Perfeito, Tao Te Ching*, 152 pp., Ed. Pensamento.
A obra eterna do taoísmo, em edição comentada por Murillo Nunes de Azevedo.

Irving S. Cooper, *Teosofia Simplificada*, 1994, 125 pp., Ed. Teosófica.
Obra que apresenta uma clara explanação das bases da Teosofia, introduzindo idéias sobre os diferentes estados da matéria, evolução da consciência, ciclos, reencarnação e *karma*.

Bhagavad Gita, tradução (do inglês) de Francisco Valdomiro Lorenz.
Uma das escrituras mais importantes do mundo, que ensina como agir com desapego.

Carl G. Jung, *Memórias, Sonhos, Reflexões*, 360 pp., Ed. Nova Fronteira.
Um pioneiro em psicologia profunda, Jung escreve sobre sua vida esotérica e mística.

Paramahansa Yogananda, *Autobiografia de um Iogue*, 454 pp., Ed. Summus.
A história do desenvolvimento espiritual de um grande iogue, incluindo episódios dramáticos e extraordinários.

Virginia Hanson & Rosemarie Stewart (orgs.), *Karma, a Lei Universal da Harmonia*, 178 pp., Ed. Pensamento.
Uma coletânea de textos breves, ágeis, e profundos, sobre a lei do *karma* ou da ação-e-reação, que governa todo o mundo manifestado, e inclusive os níveis superiores de consciência.

Pedro Oliveira & Ricardo Lindemann, *A Tradição Sabedoria — Uma Introdução à Filosofia Esotérica*, 1995-2ª ed., 127 pp., Ed. Teosófica.
Uma interessante investigação a partir de paralelos com a ciência contemporânea sobre as questões básicas da existência, tais como a natureza humana e sua constituição, o propósito da vida e da morte, o destino e o livre-arbítrio e as possibilidades evolutivas no ser humano e no cosmo.

Mabel Collins, *Luz no Caminho*, 85 pp., Ed. Pensamento.
Um dos maiores tratados existentes sobre o ocultismo verdadeiro.

H.P. Blavatsky, *A Voz do Silêncio*, 103 pp., Ed. Pensamento.
Nesta obra imortal Blavatsky transcreve parte do *Livro dos Preceitos de Ouro*, da Escola do Budismo Esotérico.

H.P. Blavatsky, *Fundamentos da Filosofia Esotérica,* 1995-2ª ed, 90 pp., Ed. Teosófica.
Compilação de alguns escritos de Blavatsky a partir das grandes obras *Ísis sem Véu* e *A Doutrina Secreta*, com a apresentação das idéias centrais da filosofia esotérica, da sabedoria oculta nas grandes tradições filosófico-religiosas da humanidade.

Shirley Nicholson, *Sabedoria Antiga e Visão Moderna,* 1991, 268 pp., Ed. Teosófica.
Reapresentação dos princípios teosóficos fundamentais, embasados em sua maioria nos conceitos de *A Doutrina Secreta*, demonstrando a sintonia desses conceitos com os avanços científicos contemporâneos. Inclui o estudo dos princípios de unidade, polaridade, ciclos e evolução.

Annie Besant, *Os Sete Princípios do Homem*, 99 pp., Ed. Pensamento.

Uma exposição didática e definitiva sobre os sete grandes níveis de consciência humana, e sobre como podemos erguer-nos ao nível do Espírito (*Atma-Buddhi*).

Annie Besant, *A Sabedoria Antiga*, 250 pp., Ed. Record.

Uma exposição sintética da filosofia teosófica, incluindo a lei do *karma* e a idéia da reencarnação.

N. Sri Ram, *Pensamentos para Aspirantes ao Caminho Espiritual,* 1992-2ª ed., 143 pp., Ed. Teosófica.

Pensamentos inspiradores sobre temas tais como: Auto-realização, Verdade, Sabedoria, Liberdade, Paz, Fraternidade, Felicidade, Beleza, entre outros, apresentados em uma linguagem simples e profunda.

Kahlil Gibran, *O Profeta*, 88 pp., Ed. Record.

Um clássico moderno, poético e inspirador, que transmite sabedoria útil para a vida diária.

3

Meditação

Quando eu comecei a praticar meditação, há algum tempo, sentia pouca diferença enquanto estava meditando, e eu me perguntava se estava realmente fazendo algo concreto. Mas comecei a notar que a meditação estava tendo um forte efeito sobre a minha vida. Verifiquei que estava me tornando mais calma, mais pacífica, e que aceitava melhor as outras pessoas.

Comecei a meditar antes de terminar a faculdade, quando tinha que tomar muitas decisões e minha vida estava cheia de tensões. Foi graças à meditação que consegui atravessar aquele período difícil. Sentia-me muito leve depois de meditar, percebendo que estava tocando em um poder superior a mim mesma. Sabia que isso me ajudaria a atravessar as mudanças vindouras, e, se eu continuasse, conseguiria vencer os tropeços.

A meditação abriu minha mente e meu coração para uma fonte de paz interior e força. Possibilitou — ao menos em parte — que eu tocasse o eterno e descobrisse que apesar de tudo o meu verdadeiro lar está nele.

A meditação deu-me uma percepção profunda de fazer parte de algo muito maior do que eu própria. No momento atemporal em que vivencio isso, sei que se trata de algo muito mais importante do que o mundo tangível e muito mais significativo do que as minhas preocupações corriqueiras do dia-a-dia.

A meditação, a prece e a contemplação sempre estiveram no cerne da vida espiritual. Há uma boa razão para isso. Estas práticas representam talvez o caminho mais direto para contactar Deus ou a Vida Una que a tudo anima e também para tocar nas profundezas da consciência interna, a qual, em última análise, é idêntica à Vida Divina.

Através da meditação, gradualmente aprendemos a aquietar a mente, as emoções e o corpo. Este é um processo lento para a maioria das pessoas, porque estamos acostumados por uma vida inteira a deixar a mente vagar e a segui-la para onde ela nos conduz, ao invés de enfocarmos aquilo que nós escolhemos. Contudo, não precisamos atingir o controle perfeito da mente antes de termos alguns resultados da meditação. Os efeitos surgem de formas diferentes para pessoas diferentes, freqüentemente de modo muito sutil. Por exemplo, poderá surgir um novo sentido de propósito em nossas vidas. Ou podemos sentir que estamos amando mais, compreendendo melhor, sendo mais compassivos. Podemos ficar menos agitados em relação às coisas que não acontecem como queremos. Pode haver momentos em que a mente penetra em profundo silêncio e nossas preocupações pessoais tornam-se insignificantes. Podemos experimentar um sentido mais profundo de inter-relacionamento com a vida como um todo e com a divindade oniabarcante presente em toda ela. Podemos sentir que estamos enraizados em algo que transcende nossa percepção normal. Pode haver ondas de paz e contentamento profundos.

Experiências como estas ocorrem rapidamente para algumas pessoas, ao passo que para outras elas se desenvolvem mais lentamente. De qualquer modo, a prática continuada da meditação e do controle persistente da mente e das emoções, por algum tempo cada dia, treina a personalidade para responder a influências mais elevadas. A meditação abre canais para que a alma possa ter maior influência sobre a personalidade.

Há muitas técnicas de meditação e uma grande quantidade de livros escritos a esse respeito. Algumas das principais técnicas utilizadas por aqueles que meditam em todo o mundo serão referidas a seguir. Ao ler sobre cada uma delas, imagine como seria a sua prática, reservando alguns minutos para isso. Você poderá experimentar todas elas no decorrer das semanas e dos meses. A lista de sugestões de leitura do final deste capítulo faz referência a diversos tipos de práticas. Mais adiante, ao longo do capítulo, solicitarei a você que escolha uma ou duas que mais lhe agradem.

Os **mantras**, entoados silenciosamente ou em voz alta, são eficazes para concentrar e aquietar a mente. Você poderá preferir um mantra tradicional em sânscrito, como o *Om, Mani Padme Hum*, uma oração cristã como "Jesus, Senhor, tenha misericórdia de mim", ou apenas uma palavra comum que tenha significado espiritual, como "Paz" ou "Alegria".

Versos inspiradores e afirmações, repetidos silenciosamente na meditação, podem ajudar a elevar a mente. Devem ser usados para inspiração e para ajudar-nos a compreender verdades espirituais. Idéias inspiradoras e afirmações sobre o Eu interno, como "Eu sou aquele Eu, aquele Eu sou eu" e a nossa unidade com Deus, como "Eu e o Pai somos um" podem ser auxílios poderosos na meditação. Afirmações que dizem respeito a desejos e necessidades pessoais, como riqueza, bons relacionamentos, ou êxitos profissionais, são, sem dúvida, muitas vezes, eficazes para atrair estas coisas através do poder do pensamento. Contudo, nem sempre sabemos o que é melhor para nós e precisamos ter cuidado para não atrairmos coisas que são obstáculos do ponto de vista da alma, embora possam ser desejáveis para a nossa personalidade. A senda espiritual gradualmente nos afastará do enfoque de preocupações puramente pessoais e irá sintonizar-nos com influências transpessoais.

Irradiar deliberadamente boa vontade, amor, paz, ou intenções de cura constitui outra técnica eficaz de meditação. Você pode canalizar auxílio para alguém que conhece e que está necessitado, para um local específico onde haja sofrimento, ou para o mundo — o planeta como um todo. Para muitas pessoas é útil utilizar uma forma de visualização durante esta prática, como luz penetrando nuvens escuras que circundam o globo terrestre, ou o planeta imerso em ondas opalescentes de paz e unidade, ou envolver em luz dourada uma pessoa que esteja em dificuldade. Enquanto estiver visualizando, você deliberadamente emite energia do seu centro cardíaco.

Meditação de percepção interior, uma forma budista de meditação, enfatizando a plena atenção, que é popular hoje em dia. Uma de suas técnicas é observar a respiração sem interferir nela, apenas focando a mente na expansão e na contração do peito ou no ar que entra e sai pelas narinas. Se surgirem pensamentos, apenas os observe sem lutar. Isso com o tempo conduz a uma quietude interior e à percepção de que o centro da consciência pessoal que consideramos como sendo o eu é, na verdade, passageiro e efêmero, que não existe dentro de nós um indivíduo separado, com desejos, que tenha existência permanente. Esta técnica, bem como as outras mencionadas, conduzem a um estágio mais avançado de meditação, no qual apenas permanecemos em silêncio.

Existem muitos outros métodos de meditação, e todos conduzem ao aquietar da mente e da personalidade, encontrando um profundo centro interno de silêncio e paz. Há muitos livros e vídeos disponíveis que orientam sobre meditação em diferentes *chakras*, ou centros de energia no corpo, no nível etérico e astral. Muitos instrutores não consideram isso indicado nem seguro, especialmente se não contarmos com um instrutor qualificado. A tentativa de despertar *kundalini* poderá ser especialmente perigosa. Aprender a centralizar no *chakra* cardíaco (no centro do tórax) é uma prática segura e de ação integrante, mas é melhor não concentrar em outros *chakras*, especialmente nos inferiores.

Qualquer meditação que você escolher para experimentar deverá incluir dois elementos:

centralização no interior e irradiação para o exterior. Esses são aspectos complementares da vida, a convergência para o interior e a projeção para o exterior, inspiração e expiração, receber e dar. Esta polaridade básica deveria ser refletida em todos os aspectos da vida espiritual e especialmente na meditação. O enriquecimento e a regeneração que conquistamos a partir do aprofundamento da nossa consciência devem ser compartilhados com os outros e irradiados como parte da meditação.

Quando você começar a praticar a meditação, provavelmente verificará que seus pensamentos divagam de uma idéia para outra e torna-se difícil concentrar-se. Ao ocorrer isso, apenas olhe para os pensamentos à medida que surgem e depois deixe que se afastem. Não reaja a eles, não os julgue nem sinta que você está fracassando por causa deles. Você poderá tentar olhar para eles como se estivessem numa tela, deixando que passem um após o outro. Esta técnica poderá ajudá-lo a separar-se deles. Se você pensar em algo urgente enquanto medita, reserve um momento para fazer uma anotação, com a promessa para você mesmo de que examinará o assunto posteriormente. Depois, suavemente, torne concentrar-se na intenção da meditação. Você verificará que à medida que continua a praticar a meditação por semanas e meses, os pensamentos gradualmente enfraquecerão, para finalmente desaparecerem.

Sugestões para Meditar

Dedique agora alguns poucos minutos à meditação.

Opção 1: A primeira meditação que sugerimos começa com uma técnica de sua própria escolha para o aquietamento interior. Depois, esta meditação conduzirá a estados mais profundos.

1. Relaxe. Respire profundamente algumas vezes. Solte seus ombros e pescoço. Fique em posição confortável. É melhor que permaneça sentado com a coluna ereta, mas não é necessário que permaneça sentado com as pernas cruzadas (posição de Lótus), a menos que você goste desta posição.
2. Escolha uma técnica tal como observar sua respiração, ou uma visualização, uma afirmação, ou um verso ou mantra. Medite deste modo por dois ou três minutos ou até que você sinta que está um pouco mais tranqüilo.

3. Focalize sua consciência no centro do seu tórax, no seu centro cardíaco (não o coração físico, que está do lado esquerdo). Tente sentir-se pleno, integrado e harmonioso ao redor deste ponto. Imagine e tente *ser* um ponto de luz no seu centro cardíaco. Permaneça neste centro de luz por dois ou três minutos.
4. No centro mais profundo do silêncio, tente compreender que toda a energia e vida surgem daquele ponto central que é universal e também está em seu interior, que é infinito, eterno, silencioso, uno. Dedique um ou dois minutos a esta observação.
5. Permanecendo centrado no silêncio, irradie um sentimento de bem-estar, compaixão e paz a todos os seres. Você poderá também querer irradiar amor e pensamentos de saúde para alguém que precisa especialmente de ajuda. Dedique dois minutos a esta tarefa.
6. À medida que você retorna lentamente à percepção comum, tente fundir o seu próprio ser com o esplendor alcançado em sua meditação.

Opção 2: Escolha um método para aquietar a mente: visualização, afirmação, um verso, um mantra, ou a observação da respiração. Concentre-se nisso por aproximadamente dez minutos. Depois, durante os últimos cinco minutos, desde o ponto profundo de silêncio em que você está centrado, irradie paz e cura para onde for necessário.

Naturalmente, você não precisa ficar olhando para ver se gastou precisamente o tempo certo em cada fase. Isso o distrairia muito. Os períodos de tempo sugeridos são apenas idéias aproximadas. Você pode achar útil estabelecer seu próprio tempo, talvez com um despertador, regulado para despertar em quinze ou vinte minutos, mantendo-o na sua mão quando estiver meditando. Desta maneira, você não terá que pensar quanto tempo está gastando ao todo.

Depois de meditar, registre no seu diário os diferentes passos da meditação que tentou fazer. Anote aquilo que lhe agradou, quaisquer problemas que surgiram, e as partes que foram difíceis para você. Escreva sobre as maneiras em que a meditação é mais adequada a você. Anote em seu diário quaisquer outras técnicas que queira experimentar e livros sobre meditação que deseja ler. Depois tente levar o sentimento da meditação com você para a sua vida diária.

É importante meditar regularmente, mesmo que você sinta que não está obtendo resultados. A persistência estabelece um novo ritmo e o orienta em uma nova direção. Será mais proveitoso meditar dez a vinte minutos cada dia, do que quarenta e cinco minutos uma vez ou outra. Se você acha que intimamente está resistindo à meditação regular, experimente ampliar os métodos. Tente diferentes visualizações ou mantras que lhe agradem. Se você experimentar estas técnicas no início da seqüência e seguir as outras etapas indicadas acima, não fará mal algum tentar algo diferente cada dia. Mas se você escolheu alguma forma de meditação como observar sua respiração ou recitar um mantra para sua meditação principal, será indicado ficar com esta escolha durante pelo menos duas a três semanas antes de tentar outra forma, de maneira que você tenha uma chance de descobrir o seu efeito sobre você.

Se você ficar sonolento durante a meditação, certifique-se de que há ar puro no quarto. É refrescante e traz energia fazer a meditação ao ar livre, quando for possível. O ar livre é ideal para sentir-se uno com a natureza e procurar fundir-se com a vida invisível dentro das coisas vivas. Para a sonolência você pode também tentar meditar com os olhos ligeiramente abertos, olhando para baixo, para o chão. A respiração profunda também ajuda. Com o correr do tempo, à medida que você estabelecer o hábito da meditação, a maior parte destas dificuldades desaparecerá.

Será proveitoso encontrar um local onde você se sinta confortável e bem à vontade para sua meditação diária, de preferência o mesmo local todos os dias. Se você morar com a família ou com amigos, poderá explicar a eles que você precisa deste tempo para você mesmo, e que é importante não ser interrompido. Você também poderá ter que compatibilizar o horário de sua meditação com o horário dos afazeres domésticos. Muitas pessoas preferem levantar antes dos outros, a fim de encontrarem privacidade para suas práticas espirituais. A meditação pela manhã poderá dar a tônica para o restante do dia e poderá fazer você começar o dia focando aquilo que desperta os *seus* melhores aspectos. Contudo, se você for uma pessoa que prefere a noite, talvez você se sinta melhor meditando ao anoitecer. Para obter melhores resultados, você deveria meditar tanto de manhã como à noite, talvez com uma sessão mais longa e mais intensa do que a outra.

Com o correr do tempo, a meditação regular poderá motivá-lo a mudar o seu estilo de vida. Muitas pessoas que meditam dizem que o álcool e outras medicações estimulantes não combinam com a prática da meditação. Embora estes possam dar maior ânimo momentaneamente, podem também nos fazer sentir fora de foco, descentrados e talvez até um pouco tontos. Muitas pessoas têm constatado que comer demais, ou ingerir comidas pesadas, faz com que se sintam sonolentas e morosas. Freqüentemente, as pessoas que meditam optam pela alimentação vegetariana. A falta de sono pode afetar adversamente a meditação, muito embora a meditação possa também ser um fator que traz energia e auxilia a vencer o cansaço. Muitas pessoas ficam mais sensíveis a ruídos fortes e querem escutar música em volume mais baixo. Alguns ficam mais sintonizados com o bem-estar de todos os seres vivos e querem viver de modo inofensivo, utilizando produtos que não tenham vínculo algum com a crueldade.

Organizando um Programa de Meditação

Os seus horários fixos para a meditação deverão ser planejados cuidadosamente. Eis um programa-modelo:

Pela manhã, depois de levantar: Medite durante quinze ou vinte minutos. Registre os pensamentos e reações no seu diário.

Ao meio-dia, antes do almoço: Entre em contato com seu centro. Repita um verso ou mantra ou tente uma visualização.

Ao pôr-do-sol ou antes do jantar: Repita um verso ou uma afirmação.

À noite: Medite durante uns 10 minutos. Escreva o que foi importante no seu diário.

Na hora de deitar: Entre em contato com seu centro. Memorize um verso ou afirmação para o dia seguinte.

Agora faça um programa para você mesmo. Talvez não queira ficar com o primeiro programa que experimentar, mas deverá empregá-lo ao menos durante duas ou três semanas antes de passar para outro. Ter um horário regular irá ajudá-lo muito a lembrar-se de suas práticas e a formar um hábito duradouro. Mas o programa que você estabelecer deverá ser flexível e deverá servir de guia. Você não precisa sentir-se culpado se não for capaz de seguir o programa exatamente como havia planejado cada dia. O importante é meditar em algum horário, todos os dias.

Além desses pontos fixos para sua meditação, é importante manter uma atitude de plena atenção e contemplação da vida espiritual, da melhor forma possível. Se você não estiver precisando enfocar algo, tente centrar-se e contemplar um verso, afirmação ou oração do dia ou recitar um mantra. Uma vez que você já tenha adquirido o hábito de centrar-se na meditação, poderá fazê-lo por um momento, várias vezes durante o dia. Ter um relógio que desperte a cada uma ou duas horas poderá também ser útil. Ao sinal do despertador, libere sua mente do que estava fazendo, centre-se e repita um verso, um mantra ou uma oração. Isso o treinará para controlar sua mente, para centrar-se, e fará com que você esteja preparado para situações de estresse e de crises, como também irá ajudá-lo a libertar-se das emoções negativas sempre que elas surgirem.

Lembre-se de que deve aprender a irradiar energia mental, emocional e espiritual enquanto estiver meditando, o que lhe possibilitará utilizar estas poderosas energias sempre que alguém precisar delas. Você poderá praticar isso em qualquer ocasião durante o dia. A irradiação de energias positivas tem o efeito colateral de proteger você contra a invasão de pensamentos e sentimentos negativos que estão ao seu redor.

À medida que lembrar de praticar estes pontos, toda a sua atitude mudará gradualmente e você ficará cada vez mais concentrado na vida espiritual. O importante é começar. Uma viagem de mil quilômetros começa com um único passo!

Livros para Estudo

Adelaide Gardner, *Meditação, Um Estudo Prático,* 1995-2ª ed., 134 pp., Ed. Teosófica.
Texto recomendado por seu enfoque prático e fácil, trazendo uma ótima diretriz para práticas meditativas adequadas. Um estudo incluindo exercícios que o leitor poderá fazer sozinho ou com amigos.

Clara M. Codd, *Meditação sua Prática e Resultados,* 1992, 87 pp., Ed. Teosófica.
Neste livro são apresentados, em estilo eminentemente prático, o procedimento da meditação, os resultados, os obstáculos à sua prática exitosa, e uma série de exercícios meditativos cuidadosamente selecionados dentre as diversas tradições da espiritualidade universal.

Kathleen McDonald, *Como Meditar, Um Guia Prático*, 1993, 204 pp., Ed. Pensamento.
Há centenas de métodos de meditação ensinados pelas diferentes tradições espirituais,

e escolher o mais adequado é uma questão de pesquisa e de experiência pessoal. Este livro interessa a todos que desejam conhecer os princípios básicos das várias práticas de meditação.

Katherine A. Beechey (compilação), *Meditações,* 1981, 135 pp., Coleção Teosófica Vida Una.

Excertos das Cartas dos Mestres.

I.K. Taimni, *Gayatri — O Mantra Sagrado da Índia*, 1991, 197 pp., Ed. Teosófica.

Abordagem da filosofia, significado e técnica do Mantra Yoga em geral e do Mantra Gayatri em particular. Apresenta comentários e exemplos didáticos a respeito do papel e da importância do estudo, da devoção e da meditação nas primeiras etapas do caminho que conduz à realização espiritual.

Tarthang Tulku, *Gestos de Equilíbrio*, 1994, 144 pp., Ed. Pensamento.

Guia introdutório à percepção, à autocura e à meditação, apresentando as qualidades básicas para uma abordagem espiritual da vida.

J. Krishnamurti, *Diário de Krishnamurti*, 1982, 209 pp., Ed. Cultrix.

Este livro nos introduz ao modo meditativo de viver, pelo qual se aprende a estar no mundo sem pertencer a ele. Krishnamurti, um dos grandes pensadores do século vinte, faz da meditação uma atividade para as 24 horas do dia.

J. Krishnamurti, *Liberte-se do Passado*, 1988, 109 pp., Ed. Cultrix.

Uma das obras mais impressionantes de Krishnamurti. *Liberte-se do Passado* passa em revista a vida diária do cidadão comum a partir do ponto de vista do êxtase meditativo. O resultado é a destruição dos mecanismos ilusórios do medo, da insegurança, da ambição e da cobiça.

4

A Mudança

O auto-aperfeiçoamento requer percepção — você não pode mudar a menos que esteja consciente de você mesmo. Estou aprendendo a diminuir o meu ritmo e agir conscientemente, e sem reagir apenas de forma automática. Surge um sentimento elevado quando você verifica que está agindo espontaneamente de modo diferente em uma situação na qual você pensava que jamais mudaria.

Para mim, o auto-aperfeiçoamento provém do interior junto com a percepção. Nós assimilamos muito do exterior e gastamos muita energia com este processo. Gostaria de começar do interior para depois integrar os fatos novos, a fim de avançar de maneira equilibrada.

Grande parte da minha prática espiritual é continuar aperfeiçoando-me, para que eu possa refletir a divindade de modo cada vez mais acentuado, direcionando-me para o caminho que conduz à maneira certa de viver. Mas verifiquei que só posso fazer isto mudando a mim mesmo. O restante deve vir de uma fonte superior.

Não posso atacar uma falha de modo direto — dizendo, por exemplo, "Eu não ficarei aborrecido." Isso apenas reprime a raiva e a energiza, e ela mais tarde poderá ressurgir como ira. É artificial e opera em sentido horizontal. O verdadeiro aprimoramento origina-se de profundos insights *em que vemos as coisas de uma perspectiva diferente.*

A literatura espiritual de todas as religiões sugere que determinados sentimentos e atitudes são mais apropriados para a vida espiritual do que outros. Qualidades como amor e boa vontade, paz, alegria e confiança podem entrar em ressonância com a alma, ao passo que a ira, a depressão, o medo e a irritabilidade excluem as influências dos níveis mais profundos, mais espirituais em nosso âmago. Queremos ser pessoas melhores e mais espiritualizadas, mas modificar-nos, abandonar antigos hábitos, atitudes e modos de ser é a parte mais difícil do caminho. Contudo, a transformação está realmente no âmago da vida espiritual.

Há dois aspectos inerentes à nossa própria mudança interior. No primeiro aspecto, trabalhamos a personalidade, as falhas e bloqueios que nela existem. Isso requer mais auto-observação e atenção para com o auto-aperfeiçoamento. O segundo aspecto requer que elevemos nossa consciência para um nível superior, entrando mais em contato com as partes transcendentais em nós mesmos.

O primeiro aspecto significa melhorar os veículos, o corpo, as emoções e a mente concreta.

O segundo aspecto significa ter consciência de nós mesmos como almas que empregam esses veículos para seus próprios fins, para que não mais sejam dominadores, mas passem a ser instrumentos para fins espirituais. Este é o objetivo a longo prazo da meditação e do auto-aperfeiçoamento, porém antes de o atingirmos, haverá muitas recompensas em termos de maior liberdade e felicidade.

A auto-observação é o primeiro passo na direção da maior conscientização da dimensão divina em nós e na vida. A fim de alcançarmos o conhecimento de nosso eu transcendental e espiritual, devemos começar a perceber os obstáculos na personalidade ou no eu inferior. Precisamos ver as nossas reações emocionais habituais, os padrões psicológicos que governam amplamente a maneira como lidamos com as situações e com os nossos sentimentos. Estes padrões não são necessariamente prejudiciais ou maus, porém teremos de encontrar aqueles que constituem um real obstáculo para nós, espiritualmente. Eles podem cegar-nos em relação a outras possibilidades que nos dão maior liberdade para vivermos de modo mais espontâneo no momento, e podem distorcer a maneira como vemos a nós próprios, as nossas vidas e as outras pessoas. À medida que ficamos menos dominados pelos padrões de hábito, podemos aprender a viver cada vez mais a partir de uma perspectiva mais elevada — a perspectiva da alma. Os nossos problemas tornar-se-ão menos urgentes e passaremos a ver as nossas vidas de uma forma global, equilibrada.

A erradicação de qualidades negativas e a sua substituição por qualidades positivas é um projeto a longo prazo. Poderemos ver os progressos surgirem rapidamente, porém muitos de nossos padrões têm raízes profundas no passado e não respondem rapidamente nossos esforços para mudá-los.

O exercício que mencionamos a seguir é uma boa maneira de começar o processo da autopercepção e auto-aperfeiçoamento. Use a ficha seguinte para suas respostas escritas. Você poderá também anotar no seu diário aquilo que aprender sobre você mesmo através desta visualização.

Minhas Reações em uma Situação Difícil

Sentimentos, pensamentos, atitudes e respostas:

Padrões e Atitudes Convencionais:

Algumas reações diferentes, provavelmente mais adequadas, que posso experimentar:

1. Pense sobre uma situação problemática em que você tem estado envolvido ultimamente. Procure reviver esta situação na sua imaginação.
2. Na lista de anotações desta página e da anterior anote os sentimentos, pensamentos, atitudes e respostas que a situação criou em você.
3. Coloque um **A** nas atitudes e respostas que você considerou apropriadas e úteis para a situação. Coloque um **N** naquelas que conside-

rou neutras, nem muito úteis nem prejudiciais. Coloque um **C** naquelas que você gostaria de mudar se estivesse novamente naquela situação.

4. Agora procure os padrões e atitudes habituais ou convencionais que esta situação despertou em você. Talvez você tenha ficado na defensiva, achando que estava sendo atacado. Talvez você tenha cedido a algo com que realmente não concordava. Lembre-se do sentimento e pense em outras épocas da sua vida em que você sentiu da mesma forma. Relacione também estas situações passadas. Questione se estas poderiam ser as suas reações normais e habituais. Qual é a parcela da reação que é devida à situação presente, e qual a parcela que você poderia atribuir a hábitos do passado?
5. Na próxima semana, sem tentar mudar ainda, procure apenas se conscientizar das reações habituais que você identificou em você mesmo. Será que você reage freqüentemente desta forma? Quando são adequadas estas reações? Quando não são? Nesta parte do exercício, você poderia descobrir atitudes sobre vo-

cê mesmo e os outros, inclusive motivações das quais você não tem estado consciente. Algumas pessoas constatam que este tipo de auto-exame é auxiliado por sonhos que nos podem mostrar aspectos de nós mesmos de forma simbólica.

6. Após esta semana de observação, decida quais são as atitudes, reações, emoções e pensamentos que poderiam ter sido mais apropriados na situação difícil que você escolheu para examinar. Repita a situação mentalmente, respondendo da maneira que você acha que teria sido melhor. Registre no seu diário as atitudes, padrões, respostas automáticas que foram inadequadas, ineficazes ou inúteis e as novas pelas quais você as substituiu.

Muitas pessoas ficam assombradas e desestimuladas quando percebem pela primeira vez suas qualidades e padrões negativos. Na realidade, é bastante humano termos falhas! Todos temos falhas! É importante encará-las suavemente e não se sentir culpado nem derrotado quando as percebemos. Encarar as próprias falhas pode ser doloroso, mas não devemos nos deixar vencer. Ver nossas próprias falhas é um primeiro passo absolutamente necessário para mudar. Se não estivermos percebendo o erro, não poderemos corrigi-lo. Não devemos ficar desestimulados quando falhamos no nosso aprimoramento pessoal, como realmente ocorrerá repetidas vezes. Mas é a prática a longo prazo, a intenção a longo prazo no sentido de transformarmos nossas vidas para adotar um rumo mais espiritual que constitui o fator importante e não os fracassos nem decepções momentâneos.

Conforme já dissemos, precisamos precaver-nos para não ficar demasiado introspectivos nem preocupados conosco mesmos. O propósito da auto-observação é descobrir e erradicar padrões indesejados, substituindo-os por padrões mais sadios e mais realistas. Se nos encararmos com demasiada seriedade, concentrando excessiva energia em nós mesmos, estaremos derrotando o propósito global.

Tendo esta atitude em mente, e depois de nos termos observado por algum tempo, devemos fazer um inventário de nós mesmos, conforme o modelo apresentado a seguir. Como já disse Sócrates, a vida não examinada não vale a pena ser vivida. Listar suas formas mais comuns de reagir, suas atitudes e qualidades proeminentes — tudo isso é um bom começo para o autoexame. Seja honesto com você mesmo e não tenha medo de admitir que você tem algumas qualidades negativas, juntamente com as positivas. Especialmente, procure padrões que se repetem no dia a dia e tente analisar os motivos subjacentes a eles. Será que você pressupõe automaticamente que está sendo criticado ou negligenciado? Você acha que os outros sempre têm idéias melhores do que você? Fica irritado se alguém discorda de você? Observe reações habituais como estas, bem como as respostas sadias, autoconfiantes e amorosas. Também as qualidades neutras que não são particularmente úteis nem prejudiciais deveriam ser incluídas na relação.

Agora escolha duas ou três qualidades que você gostaria de mudar ou substituir, ou qualidades que gostaria de fomentar e intensificar em sua vida. Relacione-as no seu diário, juntamente com as idéias que você desenvolverá para trabalhar com estas qualidades.

Inventário Pessoal

Formas de Reagir	Atitudes	Qualidades Principais

Características que eu gostaria de melhorar ou mudar	Maneiras possíveis de fazê-lo

Para algumas pessoas será suficiente que se conscientizem de suas atitudes e reações negativas, firmando a intenção de mudar. É possível aumentar qualidades, tais como amor ou paciência, apenas definindo a intenção de fazer isso. Contudo, é necessária a auto-observação habitual para que isso seja eficaz. Será útil descobrir que tipos de situações originam padrões negativos em você, analisando seus motivos para reagir de determinada maneira. Se você ficar alerta para os padrões à medida que surgirem, conseguirá afastá-los.

Algumas pessoas preferem praticar a substituição de qualidades negativas por positivas. Contudo, é importante ir além de reprimir sentimentos negativos. Precisamos ser sempre honestos e aceitar os nossos sentimentos verdadeiros, mas não precisamos ficar presos aos sentimentos negativos. A seguir citamos várias formas de substituir atitudes e reações negativas por positivas. Escolha aquelas que mais lhe agradam e, uma por uma, experimente-as diariamente, durante uma semana. Anote no seu diário o quanto os exercícios foram bons ou não. Logo descobrirá os métodos que são mais indicados para você.

1. Cultive pensamentos sadios, positivos. Pense nas qualidades boas das outras pessoas, ao invés de criticá-las. Procure treinar-se para esperar coisas positivas na vida, ao invés de temer as negativas. Tente ficar alegre e não encare os problemas com demasiada seriedade e gravidade. Substitua, deliberadamente, sentimentos negativos por positivos.
2. Visualize você mesmo as qualidades que deseja desenvolver. Imagine situações em que você revela estas qualidades. Reveja mentalmente situações antigas de uma maneira nova, desta feita reagindo da forma que considerar a mais indicada.
3. Proceda como se você tivesse a qualidade necessária. Se estiver com medo, admita-o, porém atue como se estivesse autoconfiante. Se estiver aborrecido, haja com uma atitude de aceitação e de paz. Isso poderá parecer desconfortável e desonesto de início, mas a ação finalmente evocará o sentimento correspondente em você.
4. No momento em que você começar a se sentir incomodado, visualize alguém que você ama e por quem nutre sentimentos positivos. Ou pense em um cenário de paz na natureza

ou pense em qualquer símbolo da paz, como uma cruz ou mandala, que tenha significado para você. Isso afastará o padrão negativo.

5. Use afirmações — na sua meditação e no decorrer do dia — que o lembrem da qualidade que deseja estimular, como "paz", "alegria" ou "coragem". Isso o ajudará a evocar a qualidade em você, e o tornará mais atento às situações em que dela necessitar.
6. Pratique irradiar amor, boa vontade, alegria, confiança, tanto na meditação como por um momento em várias ocasiões durante o dia. Isso fará desabrochar aquelas respostas positivas em seu interior.
7. Tente sentir-se dentro da consciência de um Ser de grande expressão como Cristo, Buda, um Santo, um Sábio ou um Mestre. Por uma hora ou duas procure ver as coisas que ocorrem em sua vida a partir do ponto de vista daquele Ser. Imagine quais as atitudes e respostas que Ele tomaria nas situações que você está enfrentando. Este exercício, realizado ocasionalmente, poderá ampliar a sua perspectiva e revelar reações mesquinhas, inconseqüentes e pouco amáveis de sua parte.

A técnica do pensamento positivo geralmente não é suficiente para melhorar as atitudes e o caráter. Às vezes, as atitudes e qualidades negativas estão demasiadamente enraizadas e inconscientes para cederem a técnicas conscientes, como as acima mencionadas. Algumas pessoas necessitam explorar a fonte dos sentimentos e motivações que geram qualidades negativas através de uma profunda auto-observação. Isso poderá ser desconcertante; é difícil enfrentar feridas antigas, ressentimentos ou, até mesmo, a raiva.

Uma boa maneira de conseguir o auto-aprimoramento é trabalhar em uma qualidade durante um mês. Você poderá escolher amor, compaixão, confiança, força de vontade, autocontrole, desapego, harmonia, paz, alegria. Também é indicada a leitura de livros para meditação diária. Faça uma lista das qualidades que você escolheu em fichas simples e use-as nas suas meditações e afirmações diárias. As fichas poderão ser colocadas no seu quarto ou mesa, como lembretes durante o dia. Esteja atento às suas reações em várias situações, especialmente com relação à qualidade do mês. Não se sinta desestimulado se você não conseguiu desenvolver a qualidade com perfeição depois de tentar por algumas semanas. Os padrões opostos têm influenciado você por longo tempo e é provável que não cedam tão facilmente.

Uma revisão noturna do que sucedeu durante o dia é muito útil para a autotransformação. Quando for se deitar, lembre-se das principais ocorrências do dia e analise como você as enfrentou. Será que agiu de acordo com a qualidade do mês? Será que poderia ter demonstrado mais paciência, amor e compreensão em relação aos outros? Você empregou julgamento idôneo, isento do domínio de padrões e preconceitos antigos? Poderia ter feito melhor? Procure motivações subjacentes. Tente compreender por que você agiu da forma como fez. No seu diário, anote suas atitudes, êxitos, fracassos e meditações relacionados à qualidade do mês.

Manter um diário dos problemas e do progresso feito é muito útil em um programa de auto-aperfeiçoamento. A leitura repetida de suas anotações pode ocasionalmente revelar um progresso do qual você não se deu conta. Pode também lembrá-lo de pontos que você talvez tenha negligenciado. Também neste caso não seja demasiado severo com você mesmo, não fique demasiadamente preocupado e, sobretudo, perdoe a si mesmo! A sua mudança interior poderá ser algo recompensador, dando-lhe uma sensação de realização e alegria. Não deve ser algo deprimente ou desestimulante. À medida que você aprender a focalizar cada vez mais as profundezas espirituais internas, os fracassos da personalidade passarão a constituir motivo de sorrisos.

Talvez a técnica mais eficaz de todas para o auto-aperfeiçoamento seja a de praticar, repetidamente, a identificação com o eu essencial interno, ao invés de fazê-lo com aspectos da personalidade. Atualmente existem muitos livros que tornam mais fácil a compreensão de que somos aquele eu — tudo que precisamos fazer é abrir-nos para isso! Por outro lado, existem livros que fazem o contato com o eu superior parecer remoto e difícil, como algo a que se deva aspirar talvez em uma outra vida. A verdade provavelmente está em algum ponto entre esses extremos. Pensar sobre o eu ajuda a purificar a mente, mas permanece apenas como pensamento no campo mental. Para experimentar o 'eu', é necessário ir além da mente e do pensamento, além das emoções e sentimentos, até um centro espiritual tranqüilo em nosso interior, do qual tanto o pensamento quanto o sentimento projetam-se apenas como parte de um todo maior, não somente como parte de nós mesmos. Esta compreensão poderá vir rapidamente para uns e poderá escapar de outros, que não percebem que estão presos a um pensamento, sem conseguir desprender-se dele para prosseguir em direção a um nível interior mais profundo.

Uma maneira de romper o hábito de identificarmo-nos com aspectos da personalidade é focalizar claramente as diferentes partes do eu (personalidade), com as quais habitualmente nos identificamos. Use as fichas na página 79:

1. Comece por relacionar os diferentes papéis e aspectos de você mesmo que são muito atuantes. Sua lista poderá incluir o papel de pai ou mãe, chefe ou empregado, de religioso, alguém que é prestativo, alguém que é genioso, budista ou cristão, alguém que medita, uma pessoa sensível, uma pessoa que gosta de luxo e prazer, que busca espiritualidade, etc.

2. Escolha dois ou três desses aspectos com os quais você se identifica mais freqüentemente. Quanto tempo você gasta em cada papel ou identificação? Será adequado este espaço de tempo? Será que uma outra identificação seria mais útil em apenas uma parcela deste mesmo espaço de tempo? Existem alguns aspectos que você gostaria de cultivar e empregar durante mais tempo?
3. Olhe novamente para a situação difícil visualizada antes, ou escolha outra situação que foi difícil. Procure revivê-la do ponto de vista de suas diferentes identidades. Como você agiria no papel de pai, por exemplo? De patrão? De um amigo prestativo? Desta forma, você poderá experimentar as mudanças de identidade como quiser. Agora, reviva esta cena do ponto de vista de outras pessoas participantes. Como foi a situação do ponto de vista delas? Quais fatores eram importantes para elas que talvez não fossem importantes para você?
4. Agora tente imaginar esta mesma cena a partir de um degrau acima, de um ponto de vista totalmente impessoal e objetivo. Desta forma, você irá aproximar-se da atitude do eu ou da alma, aquela parte em você que não está envolvida em preocupações puramente

pessoais e em preconceitos e que está em contato com um ponto de vista global e com uma sabedoria interior.

Desidentificação

Minhas identificações habituais

Papéis	Qualidades	Atividades

Minhas identificações mais freqüentes

Praticar a auto-observação de um ponto de vista de não-julgamento é também um excelente treinamento para adotar a atitude da alma. Quando estamos conscientes desta parte do eu que observa tranqüilamente os arrebatamentos internos, podemos aprender a nos identificar com ela, que é imutável e estável e não reage às comoções da personalidade. Durante a meditação, basta permanecer nesse estado. Para quebrar a forte identificação que temos com partes da personalidade, é útil deliberadamente modificar as identificações; por exemplo, ao invés de pai sobrecarregado, passar a viver o papel de pai que estimula as crianças.

O mais importante, no entanto, é aprender a modificar o foco do eu observador, o eu interno que reflete a alma durante todo o dia. Nessa perspectiva, não somos apanhados pelos sentimentos de cada momento. As emoções fortes não são necessariamente sensatas nem são as melhores condições a partir das quais devemos guiar nossas vidas. Por meio de uma prática persistente de recolhimento para um centro tranqüilo dentro de nós, podemos aprender a direcionar a nós mesmos e as nossas vidas a partir desse nível espiritual mais calmo e mais sábio. Com essa prática, gradualmente vamos descartando as partes inferiores de nós mesmos. As fortes motivações advindas do nível do ego e da personalidade desprendem-se e somos capazes de liberar alguns de nossos padrões apaixonados e egoístas.

Esse tipo de crescimento exige que aprendamos o desapego. Isso não significa que tenhamos de matar a emoção e o entusiasmo, tornando-nos tediosos e apáticos. Não é uma escusa para estarmos distantes e afastados dos desafios e problemas da vida. Significa que não nos identificamos com os altos e baixos da vida nem com as alterações do panorama das nossas emoções e mentes, mas, sim, que nos libertamos de nossos padrões de hábitos emocionais e mentais e que compreendemos que esses hábitos são apenas aspectos periféricos de nós mesmos, e não o eu essencial. É mais uma atitude de não agarrar-se às experiências que a vida traz, do que propriamente abandoná-las. O desapego não deve reduzir o nosso envolvimento e a nossa satisfação com a vida, mas exatamente aumentá-los, uma vez que a viveremos mais livremente e sem o medo da perda.

Uma maneira de cultivar o desapego é adotar a atitude de "nada é meu", mas tudo me foi "emprestado". Isso se aplica às nossas posses, crenças, atitudes, emoções e aos nossos relacionamentos. Todos estes são condições temporárias originárias de circunstâncias transitórias. Não são nós mesmos. A nossa verdadeira identidade está naquele centro interno de tranqüilidade, de observador silencioso, de alma, que é imutável em meio a todas as mudanças da vida. Se pudermos treinar a mente e as emoções para não se apegarem a coisas externas e nem mesmo a estados internos, estaremos libertando a personalidade de todas as identificações com coisas menores e preparando o caminho para que ela se abra às influências da alma. É como vivermos em uma fluida fonte pura de água fresca ao invés de permanecermos atrapalhados com os estagnantes torvelinhos de nossos padrões de hábitos.

A visão esotérica da natureza humana mostra que todos temos um potencial muito maior do que utilizamos. Ao abrir a personalidade ou o eu inferior para as influências do eu superior ou alma, nós aprendemos a expressar nossos talentos e habilidades ocultos. Podemos viver mais felizes, com maior intensidade, ter uma vida mais produtiva, ao mudar a nós mesmos e voltar-nos para uma direção espiritual.

Livros para Estudo

Annie Besant, *A Doutrina do Coração*, 1995-2ª ed., 125 pp., Ed. Teosófica.

Aborda as grandes questões vivenciais do caminho espiritual, ressaltando as diferentes etapas e dificuldades do processo do despertar interior.

Annie Besant, *Um Estudo Sobre a Consciência*, 1988, 218 pp., Ed. Pensamento.

Esta obra descreve o fenômeno da consciência em seus diversos aspectos: a origem do homem, a autoconsciência, a vontade, o desejo, a emoção, a autopurificação e a liberdade. Um dos livros mais profundos de Annie Besant.

Annie Besant, *Do Recinto Externo ao Santuário Interno*, 1988, 137 pp., Ed. Pensamento.

Aqui Annie Besant descreve a jornada da evolução espiritual humana e mostra a trilha ao longo da qual a humanidade avança. Obra clássica.

Radha Burnier, *Regeneração Humana,* 1992, 172 pp., Ed. Teosófica.

Uma séria investigação sobre a possibilidade da regeneração da mente humana, apresentando-a como algo constante, uma contínua alquimia interior para libertar a mente de sua tendência de ver as coisas de forma fragmentada.

J. Krishnamurti (Alcione), *Aos Pés do Mestre*, 1986, 135 pp., Ed. Pensamento.

Uma exposição clara das qualidades necessárias para a vida espiritual autêntica. Um verdadeiro tratado — em poucas palavras — sobre o caminho oculto.

I.K. Taimni, *Preparação para a Yoga*, 1992, 159 pp., Ed. Teosófica.

Texto que apresenta os pré-requisitos fundamentais à prática da *yoga*, em uma visão geral da *Raja-Yoga* à luz dos *sutras* de Patañjali.

Geoffrey Hodson, *A Senda para a Perfeição*, 1994, 103 pp., Ed. Teosófica.

Descrições dos diversos modos de percorrer a Senda Espiritual a partir das respectivas diferenças nos temperamentos dos aspirantes, com orientações sobre os vários estágios que devem ser ultrapassados no caminho que conduz à plena consciência, ao estado de Perfeição, desde os primeiros passos de seu despertar, até o encontro com o seu mestre espiritual.

C.W. Leadbeater, *A Vida Interna*, 1996, 335 pp., Ed. Teosófica.
Uma importante obra que apresenta temas essenciais sobre o processo de transformação e mudança interior do ser humano, através de temas variados, tais como: o bom senso, as pequenas preocupações, o medo da morte, o autoconhecimento, a crítica, o preconceito, a curiosidade, a harmonia, etc.

C.W. Leadbeater, *Os Mestres e a Senda*, 1976, 302 pp., Ed. Pensamento.
Tornado público pela primeira vez em 1925, este estudo sobre o tema dos grandes adeptos e do caminho do discipulado é um dos mais claros e reveladores existentes até hoje. Uma obra marcante.

5

Servir

Eu sinto que o servir é um compromisso interno que surge do grau de iluminação que possuo. Para mim, é como pintar um quadro. Se eu o visualizo e não me esforço para representá-lo na tela, ele será incompleto. O mesmo acontece com o servir. Se você compreende a verdadeira necessidade de servir e não coloca a idéia em prática, estará negando a você próprio o conhecimento da unidade da vida.

Para mim, até mesmo o menor ato de dar algo incondicionalmente é um grande serviço, como dar um pouco de alimento a alguém faminto. Atos desta natureza independem de poder ou de riqueza. Não requerem o uso das mãos ou pés. Resplandecem no olhar do doador e criam calor através de uma palavra ou de um sorri-

so. Constituem, penso eu, atos de profundo serviço.

Possuímos grandes idéias, mas até que elas tenham aplicação prática, não serão realmente úteis. O serviço é uma extensão natural das nossas idéias. Por exemplo, o conceito da unidade da vida implica não ferir a terra, os animais ou as outras pessoas, e também significa tentar ajudá-los e ser útil. Isso, para mim, é a essência do serviço.

Encaro o serviço como uma transferência ou troca, não apenas como o ato de dar algo ou ajudar alguém, o que faz parecer que a pessoa a quem você ajuda está situada abaixo de você. Servir não é um ato unidirecional. Nós somos a maior e a única dádiva que temos para oferecer aos outros. Somos todos únicos, com necessidades únicas, e, portanto, ninguém pode dar exatamente o que o outro necessita. Podemos facilitar e apoiar a vida dos outros, mas não dar ajuda unilateralmente.

Já se disse que a metafísica não pode substituir a vida; no entanto, ela pode nos inspirar e guiar. O conhecimento e a ação fazem parte de um todo. Cada um de nós é um ser integral e as diferentes partes de uma prática espiritual não são independentes, mas correspondem a diferentes aspectos de nossa natureza. O que aprendemos através do estudo, das nossas experiências de meditação e das nossas conquistas no campo do autoconhecimento e do auto-aperfeiçoamento será incompleto se não pudermos expressá-lo em atos. Para sermos completos e íntegros, teremos de direcionar as nossas conquistas interiores para o mundo exterior. O caminho espiritual sempre sublinha a importância de se libertar o próprio brilho interior.

Alguns acham que não devem tentar ajudar os outros ou participar da ação concreta, até que o seu conhecimento seja mais desenvolvido e que possam atuar mais eficazmente e com melhor julgamento. Contudo, se esperarmos até adquirirmos algum nível arbitrário de compreensão, pode ser que nunca comecemos. Além disso, o conhecimento e a ação interagem. Aqueles que estudaram o processo da intuição destacam que um *insight* terá de ser avaliado em comparação com a realidade, pois pode ser incompleto e até mesmo errôneo, a menos que seja experimentado em uma forma eminentemente prática. Expressar ou testar conduz, então, a novos *insights*. Isso é verdade com relação à nossa visão da unidade com a natureza, e com relação a cada um de nós e à nossa percepção de divindade que permeia toda a vida. Esta compreensão terá de ser vivida nas lutas do nosso dia-a-dia, para que seja uma força real em nós e no mundo. A meditação e a oração não são apenas fontes particulares de iluminação e de alegria, mas também fontes de energia para a ação.

De acordo com a Teosofia, o universo e tudo que nele existe, seja grande ou pequeno, é cíclico. Todas as coisas têm uma fase de manifestação voltada para fora, seguida de uma fase voltada para dentro, de silêncio e escuridão, como no dia e na noite, no estado de vigília e de sono, no florescer das plantas e na germinação das sementes. O ciclo natural na senda espiritual é uma alternância entre o alimento interior fornecido pela meditação, o estudo, e a ação voltada para fora, através do serviço.

Segundo a filosofia esotérica, estamos crescendo na direção de um mundo mais nobre à medida que desabrocha a consciência humana e que desenvolvemos os nossos aspectos mais puros, mais espirituais. A partir deste ponto de vista, bem como a partir da tradicional visão científica da evolução, os seres humanos são encarados como agentes da evolução. Somos nós que criamos a sociedade e que podemos mudá-la. Isso acontece quando a nossa consciência reflete uma parcela maior das realidades existentes na Vida Una, em um nível espiritual. Damos vida àquilo que exprimimos em nossas vidas, àquilo que desejamos e pelo que trabalhamos, tanto individualmente como também em sociedade.

Para mudar a sociedade, com a finalidade de que haja mais cooperação e apoio recíproco, e que haja menos dor, fome e medo, com mais cuidados e preocupações pelo bem-estar do planeta e dos seus sistemas ecológicos, um número suficiente de pessoas terá de estar consciente dos temas importantes, trabalhando pelas melhorias. Não há dúvida de que existem agora mais pessoas na Terra que trabalham pelo bem comum do que jamais antes na história. À medida que um número cada vez maior de pessoas concentra-se em preocupações humanitárias, seus pensamentos e energias atuarão como um feixe de laser, em que todas as freqüências são coerentes e juntas criam uma força irresistível.

Atualmente, mesmo que atividades voltadas para o auxílio aos outros, tais como enfermagem, assistência social, etc., sejam muito estressantes, mais e mais pessoas estão mudando para essas áreas de atuação. O resultado disso é que as pessoas ficam mais saudáveis se elas têm um senso de compromisso em suas vidas. Em um estudo sobre gerentes que permaneceram saudáveis e equilibrados, mesmo em condições altamente estressantes, foi constatado que aqueles que tinham uma percepção de significado, direção e estímulo na vida, lidaram com o estresse sem contrair sintomas tais como pressão alta e doenças do coração. O compromisso é um fator importante na atitude da denominada "personalidade firme". Abraham Maslow, em seu célebre estudo sobre pessoas auto-realizadas, verificou que aquelas psicologicamente saudáveis e sem bloqueios para a criatividade eram, todas, dedicadas a causas em benefício de outras pessoas. Comprometer-se e preocupar-se com causas maiores parece ser uma característica natural de pessoas completamente maduras.

Existem muitas motivações para participar do serviço e do trabalho humanitário. A motivação mais desprendida é o desejo de ajudar os outros e ajudar a melhorar algumas das situações dolorosas, difíceis e injustas no mundo. Outra motivação é o desejo de cumprir uma necessidade interna para fundamentar nossos impulsos espirituais, solidificando nosso crescimento interior e dando expressão aos nossos talentos e à nossa compaixão. Existem também benefícios secundários, como a auto-estima que surge a partir de uma contribuição real, a recompensa de ver que os nossos esforços tiveram algum efeito em outra pessoa que, por exemplo, adquiriu habilidades úteis como datilografar ou usar o computador através da ajuda de um trabalhador voluntário, ou até mesmo o elogio e satisfação de sermos apreciados porque estamos realizando um bom trabalho. A motivação mais elevada é a de dedicar as nossas ações a Deus ou à Vida Una, cumprindo o *karma yoga*, segundo o *Bhagavad Gita*, e nos aproximarmos cada vez mais da unificação de nossa vida exterior com os nossos impulsos e *insights* espirituais mais profundos. Contudo, poucos de nós realizam o serviço sem algum reflexo de ganho pessoal. Será inútil esperar que nossa motivação seja completamente pura antes de decidirmos prestar serviço. O melhor a fazer é simplesmente se lançar em algum trabalho que você considere importante e que lhe agrade, não se preocupando excessivamente com a sua motivação. Basta envolver-nos com uma boa causa para deixarmos de lado nosso mundo pessoal estreito.

Depois que você decidiu ligar-se a algum tipo de serviço, será proveitoso fazer um inventário de suas atitudes e de possíveis formas de serviço. Use as fichas das páginas 97, 98 e 99 para esta finalidade.

1. Pense em uma ocasião em que você foi solicitado a fazer algo por uma outra pessoa. Qual foi a sua atitude? Você achou que o es-

tavam incomodando com algo que não era da sua responsabilidade? Você concordou em atender, porém de forma relutante? Você se sentiu feliz com a oportunidade de poder ser útil? Liste suas atitudes habituais quando você é chamado a ajudar. Seja honesto e não se sinta culpado se, às vezes, você não sentir disposição para ajudar. Isso é natural. Pense sobre atitudes que você gostaria de mudar e formas segundo as quais poderia mudá-las. Provavelmente você verificará que precisa voltar-se mais para fora, desenvolver o hábito de ver as coisas do ponto de vista de outras pessoas, e não pensar apenas em seu próprio bem-estar.

2. Liste alguns atos altruístas que você fez na semana passada, com relação a outras pessoas. Relacione quaisquer oportunidades de ajudar que você não aproveitou. Liste idéias sobre pequenas maneiras diárias de poder servir. Não esqueça a prática de enviar, silenciosamente, energias mentais e emocionais enobrecedoras para alguém que está necessitado. Você prefere não ser visto em suas boas obras, ou você gosta do apreço demonstrado pelas pessoas? Como você se sentiria se estas ações fossem feitas de forma anônima?

3. Pergunte a si mesmo que tipo de trabalho você mais gostaria de fazer agora, deixando de lado o aspecto financeiro. Liste o que acharia mais satisfatório, não importa se está considerando uma mudança de carreira, trabalho voluntário ou apenas uma abertura em relação aos outros. Escolha duas ou três dessas coisas e visualize como você se sentiria realizando estas tarefas.
4. Pense nas habilidades que você necessitaria para realizá-las. Liste aquelas que você já possui. Não esqueça das habilidades das pessoas, como a capacidade de comunicar-se e de ser sensível às necessidades dos outros. Avalie o que você tem a oferecer em tais tarefas.
5. Agora relacione as instituições, órgãos ou outras atividades que teriam oportunidades nas quais você está interessado. Faça um plano para contatar algumas dessas instituições e ver se o tipo de trabalho ou serviço que você quer está disponível. Inclua no seu plano uma relação de pessoas que você conhece e que poderiam ajudá-lo a ingressar no campo de sua escolha.

Desenvolvendo um Programa para Servir

1. Minhas atitudes para com o serviço	Atitudes a serem modificadas
2. Boas ações	Oportunidades perdidas

3. Tipos de serviço preferidos

4. Habilidades necessárias	Recursos a serem usados

O meu plano de ação

Um dos caminhos mais rápidos para desenvolver a espiritualidade é estar vinculado a alguma causa que você considera importante, como a Sociedade Teosófica, um programa de reciclagem de lixo, ou de educação para os deficientes físicos. Trabalhar para uma causa maior do que você mesmo remove a ênfase sobre o ego e seus altos e baixos, e dá à sua vida um foco compensador. Muitas vezes é benéfico associar-se com pessoas que pensam da mesma maneira e que também querem servir. Contudo, pode ser que você não encontre uma causa deste tipo imediatamente, ou prefira não trabalhar dentro de uma organização. Pode ser que você precise tentar vários tipos de serviços prestados a indivíduos e a grupos antes de encontrar algo a que possa se dedicar de corpo e alma.

Como em todas as coisas, você precisa bom julgamento e equilíbrio para decidir quanto tempo e energia deverá dedicar ao serviço fora de suas obrigações normais. Não seria indicado dedicar tanto tempo ao trabalho voluntário a ponto de você negligenciar a sua família e emprego, ou expor ao perigo sua saúde por trabalho excessivo. Há ocasiões em que poderá ser mais importante cuidar de você mesmo, do seu lar, emprego ou família, do que empregar tempo com um vizinho doente. Contudo, com a sua predisposição interior, possivelmente obterá *insights* intuitivos tanto para escolher uma linha de trabalho, como para decidir o que fazer nas ocasiões em que tiver oportunidade de escolher entre as atividades possíveis.

Muitas pessoas consideram mais compensador trabalhar em situações em que podem ajudar as pessoas diretamente, como visitando doentes ou pessoas idosas, ensinando alguém que não sabe ler, etc. Esses contatos pessoais poderão gerar simpatia e compreensão e poderão ser mais compensadores do que tipos de trabalho mais impessoais, como servir em uma diretoria ou ajudar com o trabalho no escritório. Mas se você estiver realmente convencido do valor da causa a que você serve, verificará que qualquer tipo de contribuição que fizer é compensador.

À medida que você fica mais alerta com relação às maneiras em que pode servir, e começa a dedicar parte do seu tempo a trabalho voluntário e às chamadas "boas ações", a força do ego ficará mais fraca e você crescerá espiritualmente. O serviço não apenas ajuda os outros e eleva o mundo, por pouco que seja, mas também enriquece e expande a vida do próprio servidor.

Livros para Estudo

Dora van Gelder Kunz, (compilação), *Aspectos Espirituais das Artes de Curar*, 1995, 308 pp., Ed. Teosófica.

Este livro apresenta uma visão panorâmica sobre o que há de mais atualizado e profundo sobre as artes de curar, trazendo temas como o toque terapêutico como meditação, a mensagem da doença, a influência do inconsciente na cura, etc.

C. Jinarajadasa, *A Criança Encantada*, 1996, 110 pp., formato de bolso, Editora Teosófica.

Uma proposta social baseada na fraternidade e na vivência da dimensão espiritual. A transição da sociedade de hoje para a sociedade de amanhã, que se organizará em torno da prática do altruísmo. Uma parábola inspiradora escrita por um dos maiores teosofistas do século XX.

Comissão Mundial sobre Meio Ambiente e Desenvolvimento (ONU), *Nosso Futuro Comum*, 1988, 430 pp., Fundação Getúlio Vargas.

Também conhecido como "Relatório Brundtland", este documento é uma proposta prática para a transição da sociedade atual em direção ao desenvolvimento ecologicamente sustentável, em uma civilização mundial politicamente livre e socialmente justa.

T.C. McLuhan (compilador), *Pés Nus Sobre a Terra Sagrada*, 1994, 128 pp., Editora L & PM.

Uma notável compilação de textos e testemunhos de indígenas norte-americanos, que retrata sua sabedoria milenar e sua visão ecológica do mundo. O respeito por todos os seres — lição que deve ser aprendida inevitavelmente pelo cidadão do século XXI — está colocada de modo admirável neste livro único.

Thomas Berry, *O Sonho da Terra*, 1991, 245 pp., Ed. Vozes.

Um grande místico cristão e ecologista faz nesta obra um estudo prático e uma proposta clara para a transformação mundial e a criação de uma civilização fraterna a partir do compromisso ético universal de cada um de nós. Um dos livros mais admiráveis que já se escreveu sobre ecologia profunda e sobre o papel da ajuda mútua no desenvolvimento social.

6

Um Plano Global

A sua prática espiritual deve estar baseada em um plano a longo prazo que integre os quatro aspectos seguintes:

Estudo,
Meditação,
Auto-aperfeiçoamento e
Serviço altruísta.

O plano deve ser estruturado de tal forma que traga ordem para a sua vida. Se você começar com horários definidos para várias práticas, em breve você se lembrará desses horários automaticamente e os integrará na sua rotina diária. Mas o plano deve ser flexível, de maneira que possa ser adaptado às suas necessidades, que mudam à medida que você cresce interiormente. Possivelmente você desejará ter mais tempo para meditação do que inicialmente programou. Ou a leitura poderá ficar tão absorvente que você optará por gastar mais tempo no estudo. Ou pode haver períodos em que seu trabalho voluntário, ou as pessoas a quem você ajuda, necessitem mais tempo do que você havia programado. À medida que você faz ajustes, lembre-se de que é importante incluir todas as quatro partes do programa no seu plano. Trabalho voluntário extra não compensa menos tempo na leitura, e o enfoque mais acentuado no auto-aperfeiçoamento não substitui meditação e estudo. É importante manter o equilíbrio certo entre as quatro partes.

O Seu Modelo

Abaixo, um modelo para que você possa estabelecer seu próprio programa:

Manhã:

Meditação, 15 ou 20 minutos.

Concentre-se na afirmação ou verso do dia.

Meio-dia:

Procure interiorizar-se. Repita uma afirmação ou verso.

Antes do jantar:

Procure interiorizar-se. Repita uma afirmação ou verso.

À noite:

Leia durante 30 minutos. Faça anotações no seu diário, atualizando-o.

Quando for deitar:

Revisão(mental) noturna das atividades do dia. Encontre e memorize afirmações para o dia seguinte.

Realize ações altruístas durante o dia, à medida que surgir oportunidade e nas ocasiões que você reservou para trabalho voluntário.

É muito comum iniciar uma prática desta natureza com muita energia e entusiasmo, mas depois constatar que a excitação inicial desapareceu e que a vontade está realmente esmorecendo. É necessário uma boa dose de autodisciplina e determinação para manter a prática, atravessando os altos e baixos emocionais. Quando sua motivação estiver baixa, seria útil reexaminar suas razões para iniciar a prática novamente. Você pode também tentar aproximar-se do seu eu superior e renovar de tempo em tempo o seu compromisso com o trabalho. Talvez algo que você leia o inspire e reacenda a chama; e o apreço que você vê quando ajuda alguém pode ser um estimulante para que você continue na senda. Também, conversar com um amigo que é simpático à idéia de uma senda espiritual e que tenha algum tipo de experiência nesta área poderá reforçar o seu desejo de continuar.

Conforme mencionado no tópico sobre meditação, poderá haver outros pontos difíceis a serem conquistados. Pode ser que o seu cônjuge não seja favorável. Você pode não ter com quem falar sobre assuntos de natureza espiritual. Você pode achar que a sua vida mundana às vezes dificulta fortemente a sua prática espiritual. Poderá tornar-se mais sensível com relação às suas inquietações e considerá-las menos toleráveis. Ou ficar desestimulado porque aquilo que você consegue atingir está tão distante dos seus ideais. Poderá também ter de reavaliar seus objetivos ocasionalmente, modificando-os para fazer com que se tornem mais fáceis de concretizar.

À medida que você avançar, poderá querer fazer mudanças no seu estilo de vida, além do seu horário regular para a prática espiritual. Poderá sentir-se mais atraído por amigos e associados que estiverem interessados em idéias e no serviço espiritual, decidindo-se a passar menos tempo com outros amigos. Ou querer purificar sua vida, regulando sua dieta — talvez se tornando vegetariano, abandonando ou reduzindo a ingestão de álcool, parando de fumar, começando um programa de exercícios ou de *yoga*. Provavelmente verificará que a violência pela televisão e cinema não mais o atrai, que as suas preferências mudaram para tipos de entretenimento mais tranqüilos e mais pacíficos. É provável que queira usufruir de bom sono todas as noites, regularmente, de maneira que você possa realizar melhor a sua prática espiritual, bem como as suas outras obrigações. Com o tempo, essa prática espiritual ira torná-lo mais sensível diante de situações desordenadas e caóticas, e possivelmente desejará evitá-las.

Se você puder manter a sua prática através das dificuldades e olhar para o quadro a longo prazo, com o correr do tempo você será capaz de lidar com problemas sem afastar-se da senda que escolheu. O que importa é o progresso lento e firme, às vezes quase imperceptível, e não os fracassos ou êxitos diários. Se você cumprir a prática espiritual durante meses ou anos, poderá olhar para trás e ver até que ponto você chegou sem ter realmente visualizado seu progresso. Uma vez que você tenha os dois pés firmemente postos no caminho, compreenderá que não há outro rumo a adotar.

Leia também da Editora Teosófica

O Alvorecer da Vida Espiritual
Murillo Nunes de Azevedo

Este livro examina questões básicas a respeito da busca humana fundamental de espiritualidade.

Haverá um encontro com o mundo espiritual? Como pode dar-se esse encontro? O que podemos fazer para que isso ocorra mais cedo?

O Alvorecer da Vida Espiritual apresenta nove caminhos capazes de levar-nos até uma sabedoria que está além de todas as palavras, comentando trechos essenciais das místicas do Bramanismo, Hinduísmo, Budismo, Judaísmo, Cristianismo, Islamismo, Taoísmo, dos poetas realmente tocados pelo transcendente, e da Teosofia.